無理をせず、無駄を楽しむ

センスのはなし

秋田道夫

Discover

JN139272

センスについて考えると、
日常の何気ないことにも
機微と気づかいが生まれます。

「日々のセンス」

センスとはなんでしょう。

それはきっと、分厚い辞書の中や、賢い人の頭の中に閉じ込められたものではなく、日々の暮らしの中、生活をする時間の中ににじみ出るものではないかとわたしは思います。

そして、暮らしの積み重ねは、生き方であり人生。英語の「LIFE」という一語に、「暮らし」と「人生」の二重の意味があることにあらためて感嘆します。

さらにいえば、センスは「ある・なし」で選別されるものではなく、「磨く」対象となるような堅苦しいものでもなく、だれもが自分のものとしてたのしめるものであるはずです。

この本を少しめくれば感じていただけると思いますが、わたしもずいぶん遊んでいます。

デザインやセンスに決まった型や正解はありませんが、自由に遊ぶわたしのスタイルを一例としてお見せすることで、だれかのセンスの輪郭が照らされることもあるかもしれません。

わたしの「センス」を通じて、ぜひご自身の「センス」をおたのしみください。

はじめに

こんにちは。秋田道夫です。

はじめてわたしの本を買ってくださった方、ありがとうございます。

もう何冊目だという方、また手に取っていただけてとてもうれしく思います。

はじめての読者の方のために、少しだけ経歴を。

わたしは、東京近郊でポチポチ暮らしているプロダクトデザイナーです。1953年に大阪で生まれて、愛知県にある芸術大学で工業デザインを学んだ後、音響機器メーカーのトリオ（現JVCケンウッド）に製品デザイナーとして就職。5年後にソニーに転職し、そこでも様々な製品のデザインをして、さらに5年後の35歳で独立しました。

自分のためにデザインした、
二重構造で手元が熱くならない湯のみ「80mm」。
輪郭の凹凸をそぎ落とした水筒。
1本用のワインセラー。
LED薄型歩行者灯器（信号機）。
六本木ヒルズ・虎ノ門ヒルズなどに採用されたセキュリティゲート。
交通系ICカードのチャージ機。

etc.

独立後にデザインした製品は、信号機やSuicaのチャージ機といった生活基盤に関わるものや、毎日使う、時間に寄り添うものばかりです。

つまるところ、わたしは「インフラデザイナー」ですね。

トリオで若くして尖ったデザインを担当させてもらったり、ソニーで「世界初」の製品を担当させてもらったりしたという両社の経験があったおかげで、独立後は、いつも先鋭的でなければいけないとか、流行の只中にいないとまわりに置いていかれるといったことを意識しないですみました。

それが、今のわたしのデザインの礎になっています。今考えても、とても大きな財産です。

２０２１年に始めたＸ（当時はTwitterと呼んでいました）が注目を浴びた

ことをきっかけに、10社を超える出版社から企画案が届きました。出版社の方やライターの方など文章の専門家から見て、わたしの日々の関心や感心、そしてそれを非常に短いながらもうまく「パンチライン（オチとも言えますね）」にまとめた文章の源泉は、要約して言葉にすると、「センス」に帰結するようです。

そして、一人の編集者とキャッチボールを続ける中で生まれたコンセプトが「日々のセンス」というものでした。

〝生活や暮らしに寄り添うデザインをされてきた秋田さんが、日常の中で大事にしている「暮らしのセンス」「生き方のセンス」について書いてほしいです。できれば愛用品の写真や絵もつけて――〟

そんなリクエストに、素直にお返しして生まれたのがこの本です。
ぜひ、読者のみなさんにもご一緒にたのしんでいただけたら幸いです。

プロダクトデザイナー　秋田道夫

もくじ

3章 服装は相手へのプレゼント
――センスをたのしむ「装い」について 99

購入者限定特典

本書でご紹介しきれなかった、日々のセンスの「コツ」を、PDFでお読みいただけます。ぜひ、おたのしみください。

ダウンロードはこちらから
https://d21.co.jp/formitem/
ID　discover3124
パスワード　life

1章

毎日は何でもない1日であり特別な1日

――センスよく過ごすための「心の持ち方」について

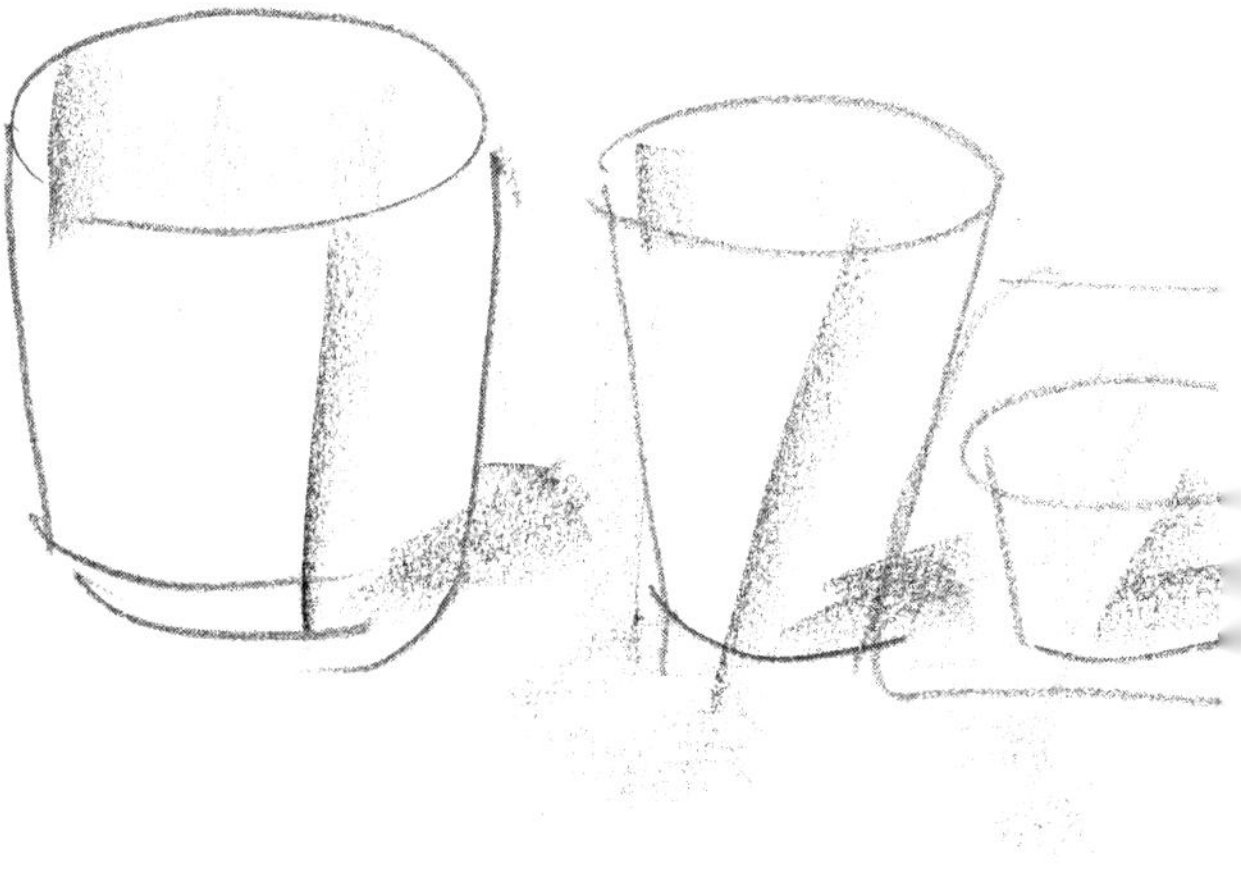

センスとは何か

最近、センスについて語る本が増えてきているようです。

わたし個人はデザイナーという「センス」を問われる仕事を長くしていますが、傲慢に思われるおそれや照れも多分に感じますし、「センスを語ること自体、センスがない」なんて思ったりもします。

そんなわたしですから、これまで出してきた本のタイトルには生業である「デザイン」という言葉を多く使ってきました。

では、なぜ本書でセンスについて語るのか。それは、本書のテーマである日々の暮らしや生き方のことを考えたとき、「センス」という言葉が「デザイン」を包み込めると感じるようになったからです。

それに、「どうすればスマートにセンスよく日々をたのしく過ごせるか」について思いを巡らせている人は少なくないようで、少しでもその人たちのお役に立てればと思い、この本を作ろうと思った次第です。

わたしの思う「センス」とは、自分を心地よく整える作法や工夫です。センスについて考えると、日常の何気ないことにも、機微と気づかいが生まれます。

センスとは「余計なことをしないこと」とも言い換えられます。

そして、何が余計かを知るためには、「余計と知りつつ後学のために余計なことをあえてしてみる」というのもまた必要です。

あれこれと「遊び」を実践し、無駄をたのしむ中で、センスというものが積みあがってくるのでしょう。

＊＊＊

映画監督の小津安二郎さんがこんな言葉を残されています。

「なんでもないことは流行に従う、重大なことは道徳に従う。芸術のことは自分に従う」

わたしはデザイナーですが、歳月を重ねるほどに「芸術の部分」は小さくなり、流行と道徳を重んじるようになっていることを実感します。それと同時に、流行や道徳の中でも自分らしく「遊べる」とも思っています。

また、流行を見ていながらも、「こういうふうになりたい」というロールモデルはわたしにはいません。

独自のスタイルを目指す人には、実はどこかにお手本となる人物がいたりするものですが、はたから見れば「わたしオリジナル」を強調すればするほど、お手本に気づいてしまったときの失望（？）も大きかったりします。

かといって、わたしの服装や部屋、暮らしは独善的にできあがっているわけでもありません。

他人ばかり気にするのでもなく、独りよがりに生きるのでもなく。

「わたしのカタチ」を押しつけるつもりも、余計なアドバイスをするつもりもありませんが、なにか参考にしていただけたら幸いです。

ごきげんをはおって街を歩く

「秋田さんはいつも機嫌がいいですね」と褒められるたびに思うのは、「それほど機嫌のいい人は少ないのだな」ということです。

とくに年齢をある程度重ねた男性となると、にこにことおだやかに笑って挨拶できる人は超レアのようです。

せちがらい世の中と言われますが、はたして毎日、毎時間がそうでしょうか。

ちょっといいことがあったとき、ほんとうは口の端が上がりそうなものなのに、なんでもなかったように一文字に口元を締めて「しあわせ隠し」をしている人が、実のところかなりいるのでは。というのがわたしの仮説です。

直接的に何があったかを発することはしなくても、「今日はいいことがありました」と顔に書いて歩いてみる。

そんな人が一人でも増えたら、街の景色はずいぶんと明るくなりそうです。

マイナスの言葉を投げかけない

わたしのX（旧Twitter）で投稿するうえで気をつけていることは、シンプルにただ一つです。

マイナスの言葉を投げかけない。

マイナスの言葉とは、「特定の人物や事象についての批判や否定」という直接的なネガティブ表現だけではなく、「だれかが嫌な気持ちにな

1章

毎日は何でもない1日であり特別な1日

――センスよく過ごすための「心の持ち方」について

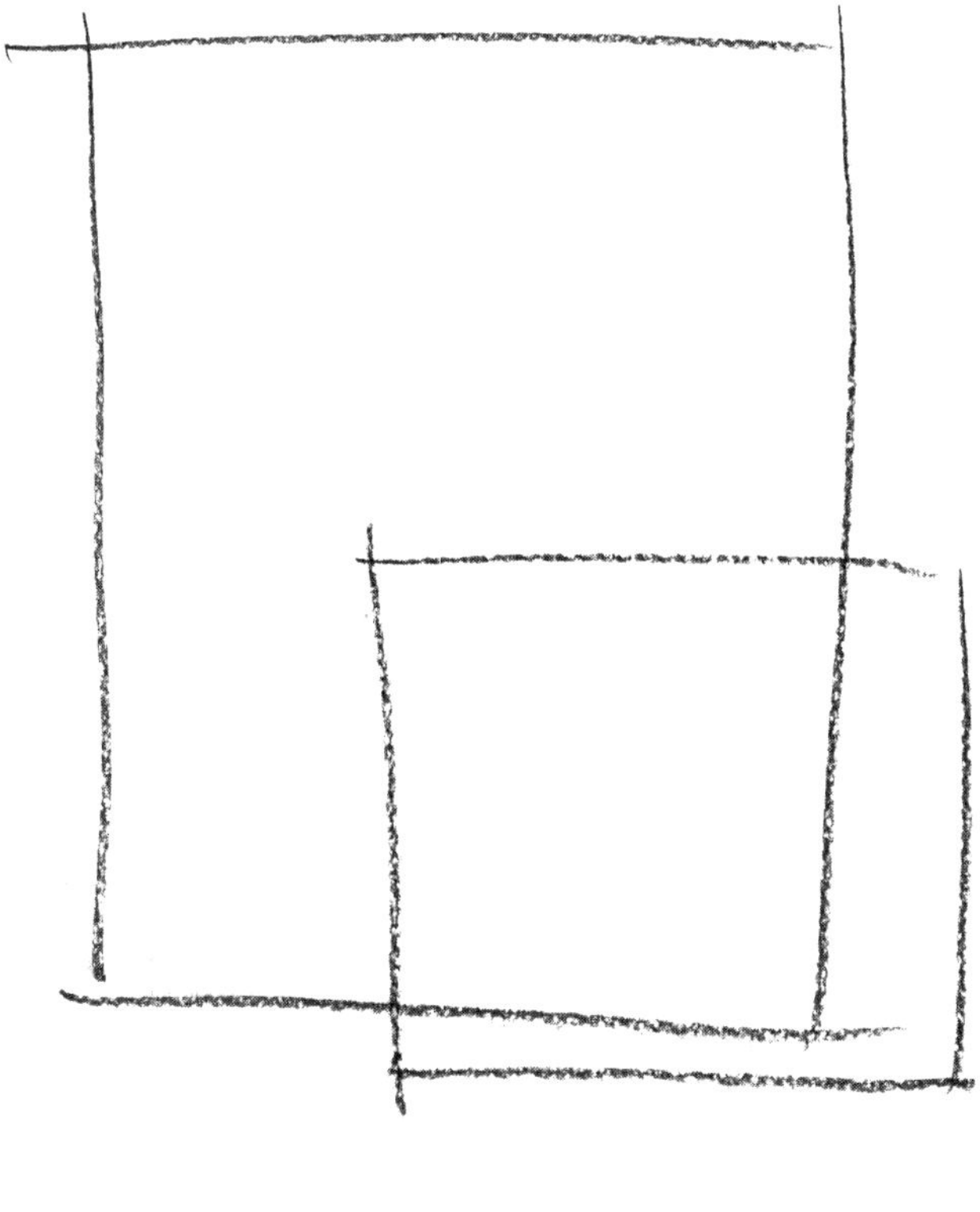

る可能性」がひそんでいると感じる表現も含みます。

想像力をどこまでに広げるかという問題ではありますが、たとえばわたしは「今日、大阪で高校時代の友人に会いました」といった身の上話は一切しません。

なぜなら、この投稿を見た別の友人がひょっとしたら「僕には連絡をくれなかったのに」とさみしい思いをするかもしれないと考えるからです。

だれかを特別扱いするのが苦手なのです。

「フォロワーは10万人いるのに、なぜ秋田さんは1人もフォローしないのですか?」というご質問の答えも同じです。

だれか1人をフォローしたら、出会った人すべてをフォローしないと気がすまなくなってしまう。だから、いっそだれもフォローしないと決めました。

「風邪をひいた」「寝不足だ」といった体調の悪さを、わざわざ世の中に公開したことも皆無です。

評判がよかった投稿は定期的に何度も繰り返し書き、逆にあまり反応がない投稿はすぐに消します。

スマホという手の平の中の小さな世界で、わたしの言葉を追いかけようと決めてくれた方々へのお返しとして。「触れて心地いい」と感じてもらえる言葉しか書かないと決めています。

自分の発する言葉が、まわりに集まる人を決める

マイナスの言葉を投げかけない、と決めたことによって生まれたすてきな効用があります。

悪口、噂、自慢話。こうした類の話題が好きな人たちが、まったく寄り付かなくなりました。

講演に来てくださる方々も、感じのいい雰囲気の人ばかりです。

他人の感情に振り回されず、自分の判断軸でものごとを見極める目を

持つ。そんな人がわたしの言葉に呼応して集まってくださるのはうれしいことです。

言葉は「門構え」のようなもので、自分が何を発するかによって、引き寄せる人を決めている。その自覚を持つことがとても大切ですね。

だから、シャープに尖らせた言葉を発しようと決めたときには、必ず少しだけ先端に丸みを出す〝ひと撫で〟を加えてから投稿しています。最初から先端を丸めるよりも、尖らせてから丸みをつけるほうが形が美しくまとまります。

わたしの言葉の先生を一人挙げるとしたら、ゲーテでしょうか。

He who moves not forward, goes backward.

——前進をしない者は、後退する。

まさにシンプルにして真実を突いた言葉であり、すっと背筋が伸びるような門構えではないでしょうか。

ゲーテの言葉をスケッチブックにさらさらと

シンプルでモノクロな言葉こそ、人のこころに長く残りつづける

ニューヨーク近代美術館、MoMAのパーマネント・コレクションといえば、時代を超えた普遍性をもつシンプルな名品が選ばれるという印象がありました。

もう40年以上前に選出された喜多俊之さんの椅子「WINKチェア」や、小松誠さんのセラミック製の花瓶「CRINKLE（クリンクル）SUPER BAG」は、まさに堂々、「パーマネント（永続的）」と呼ぶにふさわしい風格がありました。

近年は、パーマネントというより「トレンド」に近い、そのときの時代を表現するような作品が選ばれるコレクションへと変化したようで、少し物足りない気がしています。

わたしもまた、時代を超えて親しまれるデザインを求めています。そして、それは自然とシンプルへと行き着きます。

「デザインした土鍋は白と黒の2色だけですが、言葉も同じ白黒で色がない。形も言葉も一番シンプルで本質がどうあるべきかを考えます」

12年ほど前、土鍋をデザインしたときに残していた文章です。

そう、言葉もモノと同じで、文字にした瞬間に造形となる。パーマネントな本質を残したいものです。

アウトスタンディングでいく

いつしか惹かれるようになったのが「OUT STANDING」という言葉です。

圧倒的な実力を備え、どこにも依らず、群れずに、独立闊歩する。逞しく、凛としたニュアンスがある言葉だと、わたしは解釈しています。

大きな組織に入ると、それだけで安泰と考える人もいるようですが、わたしはソニーに所属していた時期でさえ、その感覚を持ちませんでした。将来的に独立するつもりでしたので、出世につながりそうな研修や出張の機会はできるだけ辞退して、「いただいた給料以上の仕事をしよう」と黙々と働いていました。

その後、ほんとうにソニーを辞めて独立するという「暴挙」に出たわけですが、辞めることをもったいないという人も心配をする人もいなかったのが、わたしにとって最高に贅沢な「贈る言葉」でした。

わたしのXのプロフィールには、前職の肩書きや受賞歴はなにも載せていません。

これも、自分に色を付けず、モノクロのまま立たせてみたいという考えからです。

こびないけれど、フレンドリー。絶妙な両立をめざしています。

気前よく、ケチになる

突然ですが、わたしはケチです。

食事をおごったり、おごられたり、仕事以外の人間関係において、お金で縁をつなぐ行為は好きではありません。そういった縁は、お金が切れるとともに切れてしまう。そんなさみしいことはないでしょう。

ならばいっそ、決しておごらずケチを貫いて、「秋田道夫はケチだけれど、ずっとつきあいたい人物だ」と思わせてみたい。

お金を多く払う行為は一見「気前がいい」ようで、実は瞬時にして優位に立ち、相手を束縛するのではないかとも。

一方で、使わなくなった（あるいはサイズを間違えて買ってしまった）愛用品をどんどん人にあげていいます。ケチなのに気前がいいのがわたしの特徴です。せっかく買ったのにと惜しむ気持ちはありません。

一度経験すれば十分。読書のように、所有物にならなくても経験として通り過ぎることが大事なのです。

「明日来てくれるあの人に、あのトートバッグをあげよう」

「あの水筒は、アウトドア好きのあの人に使ってもらいたい」

モノならば、相手を思い浮かべながら「似合いそう」「よろこんでくれそう」とコーディネートすることができます。

数字でしかないお金よりも、あたたかい気がしませんか。

毎月10万円を無駄遣いする

ケチの話ついでに、もうひとつ。心をおだやかに保つために効果的な習慣があります。

毎月決まった額、たとえば10万円を「無駄遣いをしていいお金」として気持ちの予算に組み込んでいます。それは5万円でも1万円でもかまいません。

ここでいう無駄遣いとは、好きなもの、趣味に自由に使って「失敗」

も許容する〝積極的な消費〟という意味です。

わたしは飲み屋にもゴルフにも行かず、車にも乗らないので、本来はお酒やゴルフ用品やガソリンのために使って消える金額が「浮いている」と考えます。そのお金を使って、気の向くままに好きな服や雑貨を買っているのです。


そもそも無駄遣いを前提としているので、間違っても許容範囲。だから、わたしはファッションの冒険を存分にたのしめるというわけです。

仮に失敗しても、すでに「無駄遣い費」として予算に組み込まれているので、心がささくれ立つことがありません。

自分の失敗を笑って許せるシステム。これはなかなかいい発明でした。

おだやかなデザインを暮らしに取り入れる

ありがたいことに、途切れることなく、生活の道具をデザインする機会をいただいています。

瀬戸にあるメーカーにお願いして作成した、二重構造で手元が熱くも冷たくもならない湯のみ「80mm」はおかげさまでロングセラーに。

手の平になじみ、使いやすく、使うだけでこころがおだやかになる。

奇をてらわず、なんでもない形だけれど、ありきたりではない。

二重構造で手指にやさしい湯のみ「80mm（はちじゅうみり）」

毎日使うのにちょうどよく、使うたびに気持ちがよくなる。
適格だけれど、適当ではない。
使うだけで、その人が聡明に見える。
そんな製品をイメージしています。

「80mm」の底には、わたしのサインと一緒に短いメッセージを手書きで入れて焼いていただいています。
「Lifestyle Design」――ぜひのぞいてみてください。

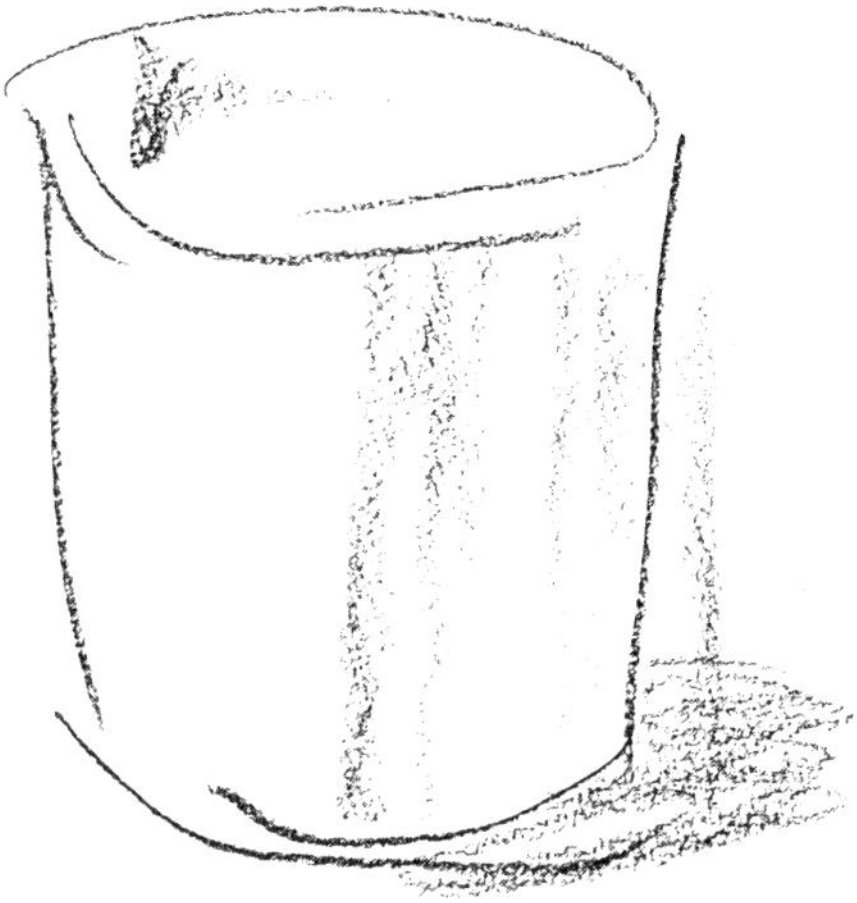

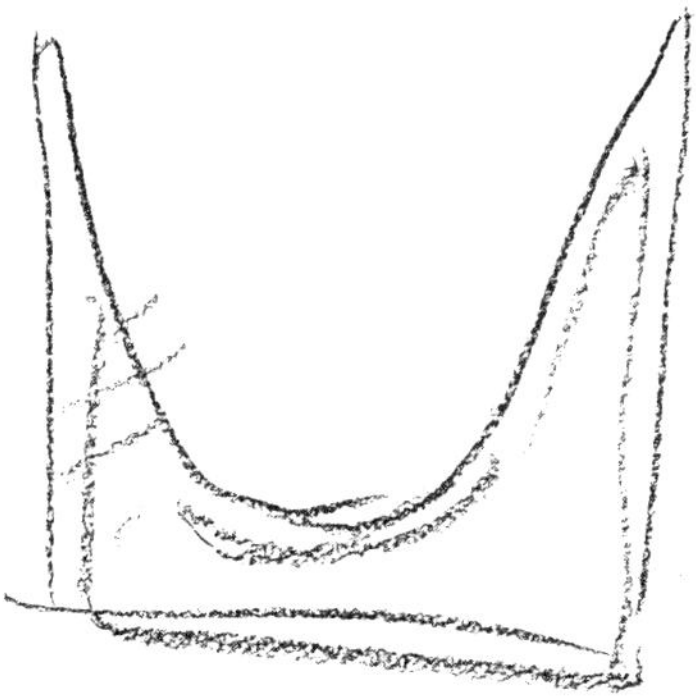

「お任せします」に勝るものはない

デザイン画を完成させてお渡しした後は、お客さんと製造に向けての打ち合わせをすることが多いです。

打ち合わせといってもほとんど雑談であることを、告白しましょう。たあいもない話をさんざん膨らませた後に、残り5分で「では、あとはお任せしますから、よろしくお願いします」と伝えます。

おしゃべりがたのしいという理由もありますが、仕事において「お任せします」ほど、相手の実力に点火する言葉はないと思っています。細かく指示や指定を出すのは、相手を尊重する気持ちに欠けるような気がしてならず、いまだに不得手です。

わたしのデザインを尊重してくださる方には、その期待に応える。そうでなければ、それなりにお応えする。

報酬の交渉も同じように、相手に任せることで、自分の市場価値がよくわかります。

若い人と親しくつきあう

40代の頃に願ったのは、「60歳になっても、『仕事を手伝ってほしい』と言ってもらえる人でありたい」というものでした。

60歳は当時の定年退職の年齢でした。それから社会の高齢化が進むにつれ、定年が65歳に伸び、さらに70歳とも言われるようになって。

長生きできる時代になったからこそ、人生の後半をいかにおだやかに人と関わりながら歩んでいけるかが、大事になっているように思います。

ありがたいし、うれしいのは、うんと年下の若い方からのオファーが年々増えていることです。

わたしが夏目漱石の作品が好きな理由の一つは、主人公が親しくつきあう相手がみな年下の後輩ばかりという設定に共感するからです。

デザイナーという職業に限らず、ほとんどの業界のプロフェッショナルは、年齢を重ねると講演や指導の側に回る割合が増え、「実務」の仕事がなくなるという実態があります。

技術は年々磨かれているはずなのに、なぜ実務が減るのかというと、単純につきあいが固定されるからでしょう。

自分と同世代の気心の知れた相手となら「わかった者同士」のあ・うんの呼吸で仕事も進むはずですが、相手が年を重ねて現場を離れたときに、自分も現場を離れることになるのです。

若い人に対しては、昔の自慢話をするのではなく、たっぷりとサービスをする。

相手の話をまず聞いて、その相手の評判を上げる努力をする。

ミーハーにアンテナを張って、話題の好き嫌いをしない。

年齢や立場で判断せず、だれに対しても丁寧ににこにこと接する。

心がけというにはナチュラルに染みついているかもしれませんが、わたしなりのサステナブル戦略です。

2章

花瓶にぴったりの花を飾る

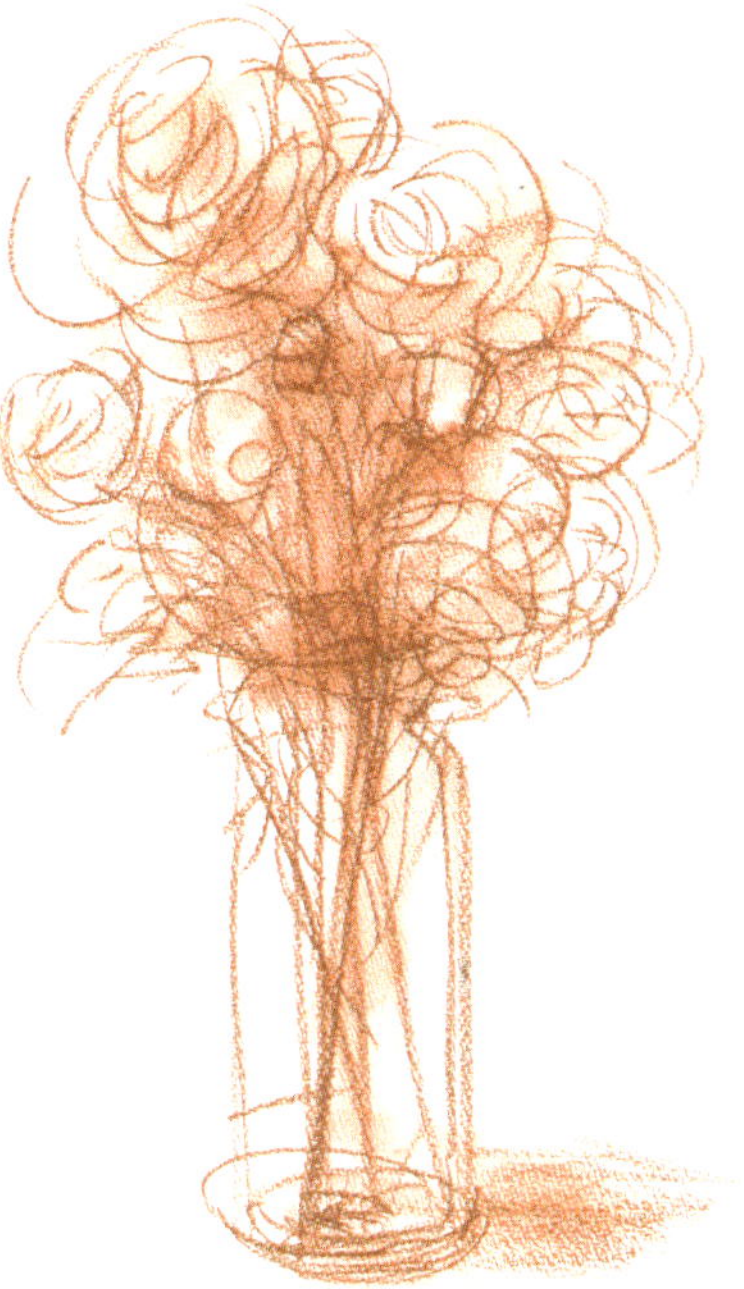

――センスが宿る「暮らし」について

部屋のコンセプトは「ほどよい居心地」

都内のおだやかな住宅街の一角に仕事場を借りたのは、20年ほど前のことです。

かつては、いかにも「デザインスタジオ風」な白くて広いオフィスを都心に構えていた時代もありましたが、Macのデザイン技術を覚えてからは、よりコンパクトなスペースで仕事がはかどるように。

玄関からベランダの窓までまっすぐに風が抜ける、長方形のワンルームが、わたしが多くの時間を過ごす空間となっています。

わたしにデザインを注文してくださったお客さんや編集者との打ち合わせや取材を受ける機会に、人を招くことも多いこの部屋のコンセプトは「ほどよい居心地」。

「デザイナーの仕事場」というと、少し緊張していらっしゃる人もいるかもしれないなと想像し、細かく整えすぎないようにとバランスをとっています。

糸くず一つ落としたらいけないような緊張感を強いる空間ではなく、お茶を少しこぼしても大丈夫そうな寛容さを、実は細かく計算しているのです。

仕事を終えて帰るときには、使ったモノをきちんとしまう、というシンプルな片づけを毎日続けるだけ。しかも、かなりいい加減なのでさっさと終わってしまいます。

玄関に靴は1足だけと決めています。これだけで部屋の雰囲気が軽くなる気がしませんか

「力の抜けた清潔感」を目指すくらいがちょうどいいのです。

収納棚や椅子、壁に飾る絵などにはこだわっているので、さりげなく「いいもの」が紛れ込んでいるのが、この空間のおもしろいところ。ただし、単に世間の評価が高ければいいというものではなく、自分の感性にフィットするすてきな道具であることが大切です。

暮らしはだれにとっても「すぐ隣にあるもの」であると同時に、だれにとっても「自分だけの固有のもの」です。

こうあるべき、こうでなければならないという思い込みは捨てて、居心地のよい空間をデザインするたのしみ。

わたしはこのたのしみを味わえるなかなかの上級者のようです。次のページから、いくつかのコーナーをご覧に入れましょう。

「小さくてかわいいもの」でごきげんなスペースをつくる

決して広くない部屋ですが、玄関の靴箱の上と、デスク横の収納棚の上を「趣味で集めた小さな置き物をたのしむスペース」と決めて、にぎやかに飾っています。

縁起のいい宝船の色違い3パターン、アニメのキャラクター人形、はにわの馬に招き猫。リサ・ソーランのライオン、ミッフィー、クワガタ、スター・ウォーズのボバ・フェット。

この小さなスペースを見るだけで、わたしの好きな世界観がだいたいおわかりいただけるでしょう。

こうした小物は街中でたまたま見つけて衝動買いするときもありますが、ねらって探して個人売買のサイトで入手することも。アニメ「トイ・ストーリー」のキャラクターのキーホルダーもメルカリで買って、迎え入れました。

自分が長く過ごす空間ですから、目にするだけでふと頬がゆるむような「小さくてかわいいもの」を好きなだけ迎えてごきげんに。ただし、何事も適量が大事ですから、あふれないようにスペースを限定するのがポイントです。

飾る自由を
たのしみましょう。

最初は奥にあるお札だけだったのですが、「縁起物(?)」が増えてしまいました

リサ・ラーソンさんのライオンさんとミッフィーちゃん

海洋堂のガチャガチャ「宝船」。彩色、金色、赤の三種類

陶器の作品を絵のように飾る

玄関の置き物スペースに小さな人形たちと一緒に飾っているのが、陶器のお皿です（60ページ）。近所にあるアンティークのお店で購入しました。

この図柄の様式は、1920年代に陶芸家の濱田庄司がイギリスから持ち帰った古陶スリップウェア（泥状の土を生かした陶芸）。柳宗悦の民藝運動の原動力になったといわれています。

チャチャチャチャッと描いたようなアバンギャルドなタッチの線が特徴的

です。

玄関を開けてすぐ目に留まるところに置くと、わかる人にはすぐわかる。初対面の方とでも、「ああ、これは」と会話が弾むきっかけにもなるのです。

わかる人にはわかる。
会話が弾むきっかけに。

今のところ食事のために使う予定はありませんが、似合いそうなのはトンカツでしょうか

この特徴的なタッチが魅力です

自作の現代アートにチャレンジしてみましょう

背の低い棚で統一すると、ちょうど目線に合う高さで白壁のスペースが空いて、絵を飾るのにぴったりです。

自由自在にアートをかけ替えられる、ギャラリーのような空間に変えて遊んでいます。

最近よく飾っているのは、自作のアクリル画です。

蟹や昆虫のスケッチに夢中だったり、昔撮ったスナップ写真を並べたりした時期もありますが、今は抽象画がおもしろい。

晩年まで大量に自由に絵を描き続けたアンリ・マティスの展覧会を観に行って、刺激を受けたこともきっかけになりました。

白い紙に、青や黒のアクリル絵の具で、ひらめくままにはけを動かして。あるいは、壁塗り用のヘラを使って。

絵の具をたっぷり置いた紙を重ねて開いて、偶然の造形をそのまま生かして。

「カーボンブラック」「ランプブラック」などいろんな「黒」を遊び比べて。

新しい道具を使えば、新しい絵が生まれます。

技法の発明こそが「現代アート」。そんな解釈のもとに、わたしはだれでもいつでも現代アーティストになれると考えています。

自由に、
ひらめくままに。
気負いなく、
さっと描いてみる。

画材ボックス。100円ショップで画材を買うこともあります

アクリル画たち。色選びも道具の使い方もフリースタイル

額縁にこだわる

自作ギャラリーをたのしむポイントは、「額縁」にこだわることです。なんでもない画用紙に描いた絵でも、サイズにぴったりと合う額縁に入れるだけで〝様〟になります。

逆にいうと、しっくりと収まる額縁がなければ、どんなに気に入った絵でも飾ることはできません。

手軽に買える店としてＩＫＥＡもおすすめですし、近くに額縁の専門店があれば、飾りたい絵の現物を持ち込んで「これに合うフレームは」と相談すれば間違いありません。

壁の色や部屋の広さによっても、最適な額縁は変わるでしょう。額縁選びもまた、きっとたのしい時間になるはずです。

お気に入りの
自作アートに、
ぴったりの額縁
という装いを。

スケッチに金色のフレームが映えます

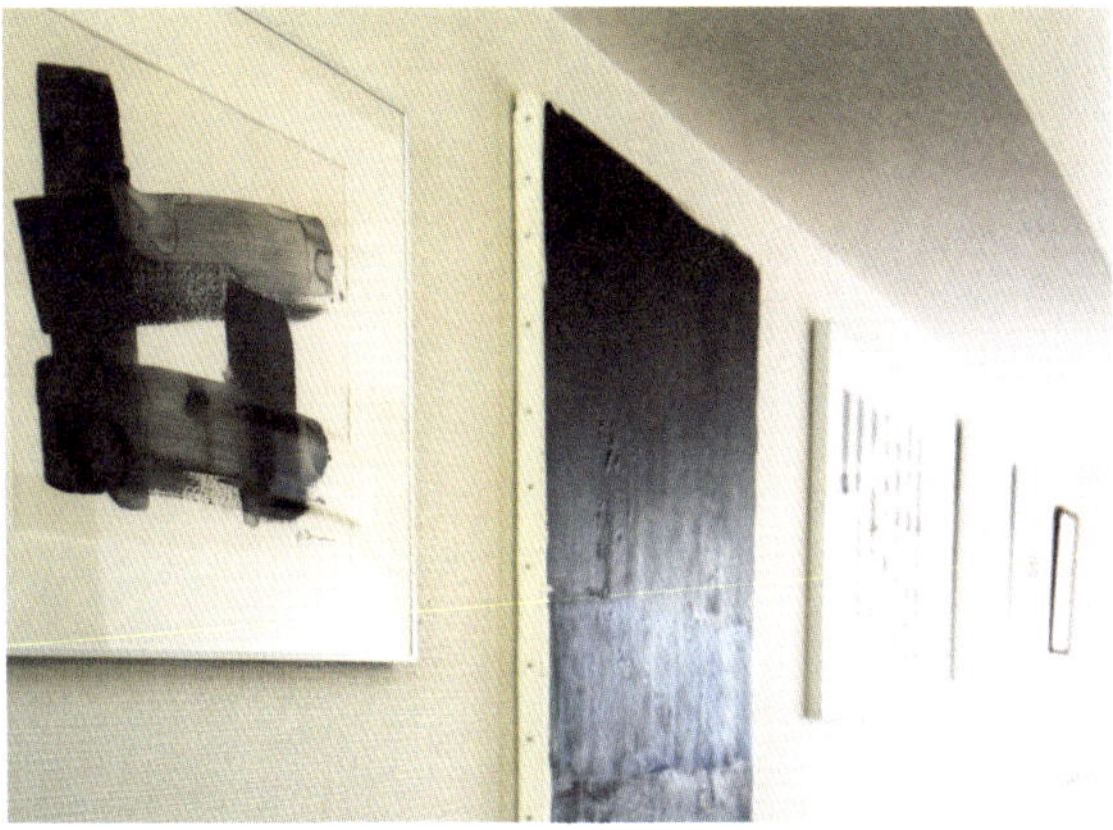

事務所の壁の様相

小さい絵を大きめの額に入れてもよく映えます

花瓶に合わせて花を買う

花がこれほど空間をすてきに彩るものなのかと、花を飾るたびに感動します。

「上手に生けていますね」と褒められるのは当然で、花をよく知るプロに生けてもらっているからです。

そろそろ新しい花を、と思い立ったら花瓶を持って、近くの花屋さんへ。

わたしが通っている「山形屋生花店」さんの店主はとても親切で、「今日ある花の中で、この花瓶の形に合う花を選んでください」とお願いすると、いいバランスで見つくろってくれます。

花の名前を詳しく聞くことはしません。知ると余計なこだわりが生まれてしまいますし、そもそも「花を知る」ことがわたしの目的ではないからです。

花を選んでもらっている間に店主と交わす、軽やかな会話がたのしいのです。

出かけるときには
空だった花瓶が、
戻るときには
カラフルな花でいっぱいに。
さあ、今日も
ごきげんな空間が
整いました。

夏はひまわり。部屋に季節を運ぶのが花

花瓶を持って、行きつけの花屋さんへ

白を基調とした空間がパッと華やぎます

ラフだけど機能的なボックス収納術

こまごまとした小物やコレクションは、アイテムごとに分類して「白い箱」に入れて積み上げています。

愛用している箱は、フェローズというアメリカのメーカーが出している「バンカーズボックス703s」という型。

高さ26・5×幅34・5×奥行41cmという使いやすいサイズ感で、蓋つきで丈夫なつくりなので積み上げられるのが便利です。

ありがたいのは、デザイン変更がないので買い足ししながら増やしていけること。1個1000円程度と良心的な価格で、3個セットで買えるものをもう4度くらい買っています。

中に入れているのは、「カーゴパンツ」「バッグ」「水筒」「画材」「写真」「野球カード」などなど。

出し入れしているうちによく使う箱は自然と一番上にくるので、「勝手に機能的になる」のが、この収納法の優れているところです。

見えないところも
きれいにするのが
おしゃれなんです。

中身は詰めすぎないで、7割程度にとどめるのがコツ

機能的で心地いいワンルーム空間

厳選した本棚をつくる

本はよく読んできたほうだと思います。

夏目漱石などの文学作品から、文化、歴史、経営学の本など、かつては壁一面が本棚で埋め尽くされていました。

もちろんデザインの専門雑誌は読んでいましたし、建築に関する本も好きでした。日本では買えない本をイタリアやイギリスから取り寄せていたので、若い頃は本代に一番お金をかけていました。社会に出てすぐいただいたデザイン賞の賞金も、資料代に消えました。

さらに遡ると高校時代には、『文藝春秋』や『中央公論』を読みふけっていたので、世の中の事象について考察するアプローチも、人より早く吸収してきたように思います。

様々なものに対する好奇心の強さと成績が一致しておらず、上位の進学校に進めないことはわかっていたので、得意な絵が活かせる学校として選んだのが、当時大阪に二校しかなかった「デザイン科」のある工業高校の一つでした。一般教科もデザインも学べると思っていましたが、入学式の日に一般教科の授業時間が少ない（デザインを学ぶので当然ですが）ことを知って驚きました。これは自分で補うしかないと思い、読書に時間を費やしていました。

おかげで大学進学は現役でとはいきませんでしたが、10代のうちに

資料用のデザイン誌など

自分の文章や製品が出ているものだけ残しています

〝一生分〟に近い量の本を読んだのではないかと思っています。

自分で文章を書いて世の中に発表するようになってからは、あまり読まなくなりました。影響を避けてのことです。

ライフステージの変化を機に、蔵書の大部分を処分した後に手元に残ったのは、文章に引用する資料としての本が中心です。

会話の途中でもさっと取り出せるよう、オープン棚に並べています。

安く手に入れて自分好みにアレンジする

秋田道夫は高級志向だと思われていたら心外です。

上質なものは好きですが、それが高価であるとは限りません。

ダイソーや3COINSは優秀なアイテムの宝庫なので、店中を探検するだけでたのしい時間を過ごせます。

先日は、まさに求めていたイメージのゴミ箱を100円ショップで発見。IKEAで買ったコンパクトなテーブルに高さがぴったり合うのです。

もともとは蓋つきでしたが、蓋は外して使っています。

服もモノも長く愛用するうえで大切なのは「サイズ感」です。

モノの用途もしなやかに変えて自己流のアレンジをするのが、暮らしのたのしみというもの。

アメ横を歩いていたら、カットする前のバンダナが連続して印刷されている布を見つけました。自分でカットすれば、6枚ほどのバンダナがつくれるものです。マフラーとして使うつもりで購入しましたが、仕事場に戻ってきてピンときました。今では仕事場のバスルームを仕切るのにちょうどいい「カーテン」として活躍しています。

このときも100円ショップで買ってきた「つっぱり棒」にクリップ式のリングを通して……とあれこれ考えて集めるのがたのしいのです。

お客さんが使うものにはちょっとお金をかける

ふだんは100円ショップめぐりも大好きなわたしですが、お金をかけるべきところにはかけるメリハリ派です。

たとえば、スリッパ。来客時に最初に玄関でお迎えするのがスリッパですから、「どうでもいい」ようなものを買ってはいけないなと考えるに至りました。

シンプルで素っ気ないスリッパを処分して、近所のインテリアショップで見つけたちょっといいものへチェンジ。

お金をかけたといっても、スリッパですから大した金額ではありません。でも、ずいぶんと気分は変わります。

自分が過ごすだけの空間から、だれかを迎える準備が整った「外に開いた空間」へと転換するような。

ささやかですが、大胆なアップデートです。

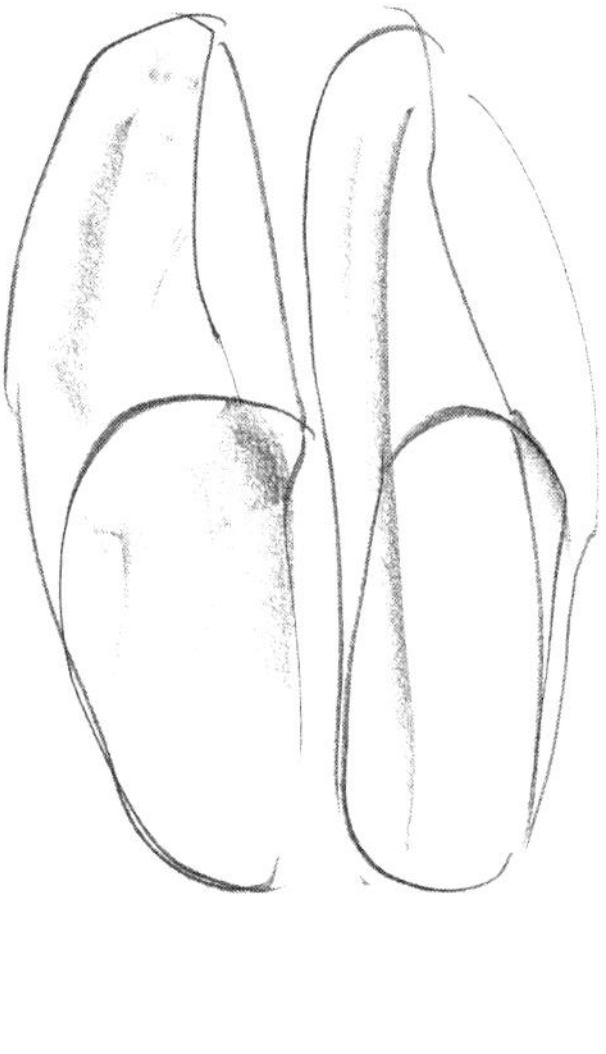

「ずっと座っていられる椅子」を相棒に

座り仕事で日中の大半を過ごすわたしにとって、「椅子」は重要な相棒です。やはり人の体の構造をよく研究したうえでデザインされた椅子は信頼できます。

一番知られているのはハーマンミラーの「アーロンチェア」かもしれませんが、わたしにとってはやや機能が多すぎるので選びません。

長年使っているのはアルベルト・メダというミラノのデザイナーによる「メダチェア」。

長年愛用している「メダチェア」。長く座っていても疲れません

シンプルなデザインながら、体の動きに合わせて背面と座面がしなやかに動き、長時間座っても疲れない。ヴィトラというメーカーから売られています。

最初に購入したのは、今から30年前ほど前のことでした。当時でも15万円ほどしましたし、今はもっとすると思います。

ただ、一生ものとは言いませんが、長く愛用できるものなので、長時間快適に作業をすることへの投資と思えば「安い」かもしれません。

流行を追わず、心から気に入ったものを買う

その時に世間でポピュラーであるかどうかより、自分が心から気に入ったものを選んで愛用する。すると、後から世間でも人気になる。そんな不思議現象が、わたしには時々起きます。

ボックス型の独特のデザインが目を引く「エムピウ」の二つ折り財布も、買ったのはまだ日本で人気が出ていなかった10年以上前。

左側のころんとした財布がエムピウのもの。軽くて持ち運びしやすいイルビゾンテの財布（右側）もお気に入り

早く出会った分、年月も重なって、革の風合いがいい色に変化しています。

人気が出るとたいてい値段が高くなりますから、いいと直感したものは早めに買うほうがお財布にもやさしいんです。

「これ、いいな」という感覚に素直になる。

自分発のセンスを育てるとは、そういうことなのだと思います。

"Jolly Joe"
TIMMER'S

毎日の「小掃除」でリセットする

「秋田さんのお部屋はすっきりしていますね」と褒めてもらえることが多いのですが、仕事場だからというわけではなく、実家にいたころから部屋は散らかっていなかったと思います。

きれい好きではないけれど、「整理好き」なんですね。「使ったものを元のところにしまう」という所作が、自然としみついています。

わたしの仕事場で打ち合わせの後、編集者と一緒に出かけることになったときに感心されたことがありました。「秋田さんは、コップをきちんと流しで洗ってから家を出るんですね」と。

あたりまえの動作だったので意外でしたが、そういわれてみれば「片づけは後回し」にする人のほうが多いのかもしれません。

わたしの場合、ものごとを始めるときには「持ち越し」の仕事がない状態ですっきりと着手したいので、片づけはその時々ですませておきたいという考えです。

結果として、毎日「小掃除」をしていることになり、年末の「大掃除」のために気合いを入れたことがありません。

新しいものを買ったら古いものを一つ手放す

買い物が大好きなのに、部屋がモノであふれ返らないのには理由があります。

服に関しては、新しい服を1着買ったら、古い服を1着手放すと決めて、数をコントロールしています（あくまで原則です）。

古着屋に売ることもありますが、あまり安い値がつくとさみしくなるので、いっそ割り切って捨てる、が多いですね。

また、ダンボールの空き箱が部屋の中にあると、少し「だらしない」印象になってしまうので注意しています。

ネットで買った商品が家に届いたら、ダンボールをすぐに開封してそのままゴミ置き場へ直行（ありがたいことに、マンションの下にいつでもゴミを出せるボックスがあります）。ダンボールの室内滞在時間はものの数分でしょう。

さらにいえば、ゴミはためずにこまめに捨てる主義です。

ゴミ袋が満杯になるのを待つことができず、3分の1ほどたまったら捨ててしまいます。

「ゴミ袋がもったいない」と言われそうですが、30リットルのゴミ袋よりお得に買える45リットルのゴミ袋をいつも買っているうえでの3分の1なので、それなりにゴミは入っていることになります。

節約しているのか、無駄遣いをしているのか、よくわからない流儀ですね。

いつも感じることですが、ゴミを捨てるだけで、部屋の雰囲気が「軽く」感じられるのは不思議です。

同様に、ブラインドを拭くと、空気がきれいに清浄されたような感覚にもなります。

モノの掃除は、心の掃除にもなるのですね。

3章

服装は相手へのプレゼント

――センスをたのしむ「装い」について

今日会う人、すれ違う人のために服装を選ぶ

ファッションは若い頃から大好きでした。

小学生の頃、当時大阪の北浜にあった三越百貨店に行きました。親がもらった三越の商品券を使って、紺色のスクールセーターを自分で選んで買ってもらったことが、わたしのおしゃれのはじまりでしょうか。当時から帽子が好きで、ピンバッヂをつけてみたりと自分なりのアレンジをしていました。

大学に入ってからの同級生たちは、アイビーリーグ風の4つボタンジ

ャケットを着こなしていましたが、わたしはアメカジ派。基本的な好みは変わりません。

就職してから仕事着として着ていたのは、ピエール・カルダンの明るいグレーのスーツ。新入社員は悪目立ちしないように紺や黒を着るのがふつうかもしれませんが、「デザイナー」として採用されたわたしはあえて目立つ装いを選ぶほうがよろこばれると思ったのです。

「デザイナーは、デザイナーらしくあってほしい」という無言の期待に応えようと、室内でも帽子とサングラスをかぶり、真面目に仕事をしていました。

それで会社に入って半年で世界一のデザイン賞をとってしまったのだから、まわりの先輩方が咎める理由もなくなったのでしょう。

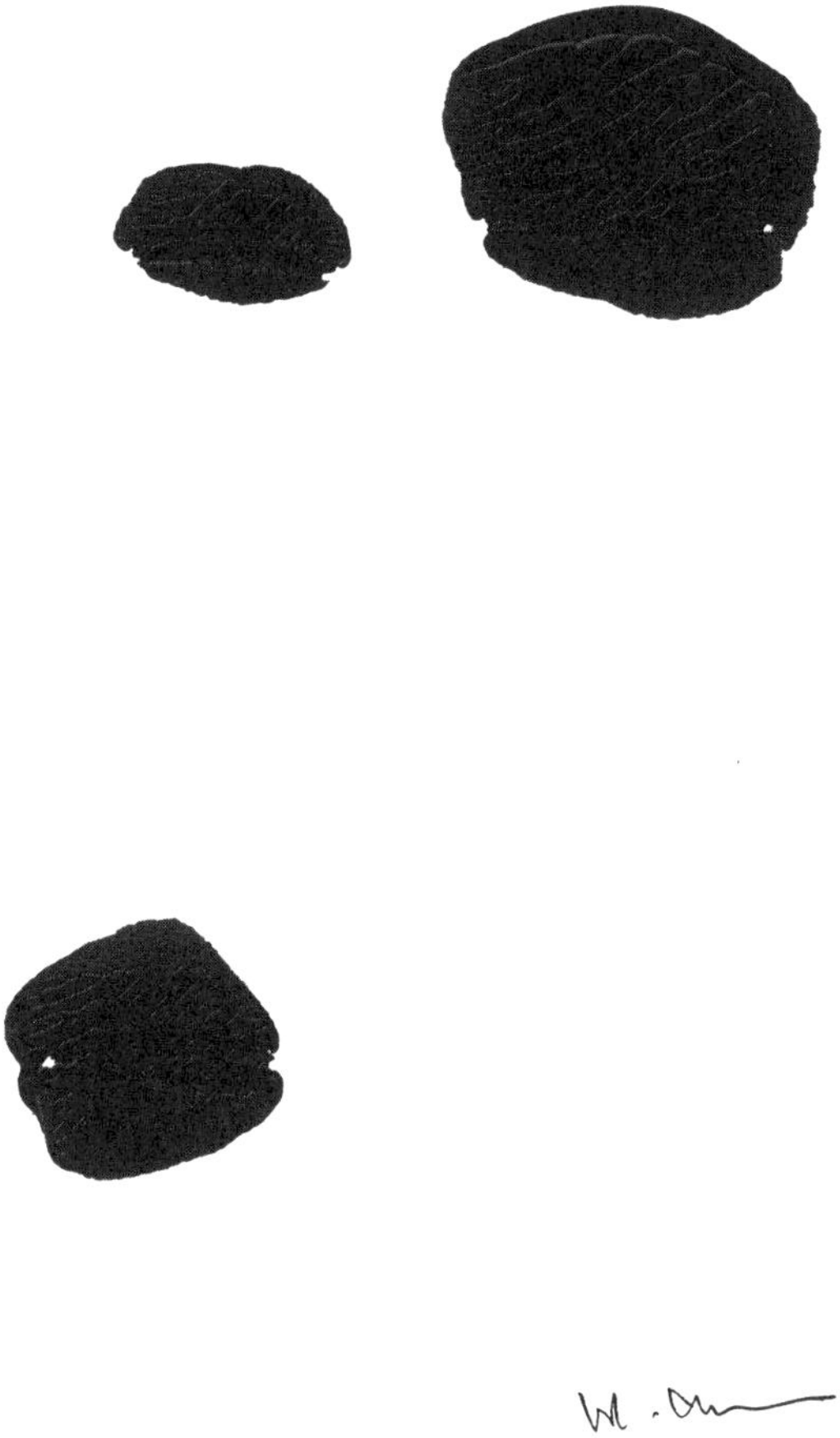

ファッションというものは、エゴであってはいけません。

今日会う人、あるいは街ですれ違う人にとって、わたしがどう映るのか。

うるさかったり、尖っていたり、「無言の攻撃」になってはいけないのです。

わたしは景色。景色になるための道具が装いです。

「うっかり見られてしまった」では不十分で、意識的に「見せる」つもりでなければならないと心がけています。

服には着る人の〝加減〟が表れる

ブランド志向ではありませんが、身に着ける服の質にはこだわります。パッと家にあるものを着てきたように見えるパーカー一つとっても、「わかる人にはわかる」服選びをしているつもりです。

服装には、その人の〝加減〟が表れます。いい加減に選んでいるのか、良い加減で選んでいるのか。おだやかで朗らかな「いい感じ」の印象を放てる服装を心がけています。

たとえば、街角で何か困りごとに巻き込まれている人がいたとき、その人の服装から「この人は一つひとつを丁寧に選んで決める人なのだろうな」と想像できる場合とそうでない場合で、まわりのサポートの仕方も変わるのではないかと思うのです。

いざというときの自分の〝防御〟にもつながる。服にはそんな効用もあるのではないでしょうか。

バイヤーあるいはスタイリスト気分でおしゃれを探す

若い頃、「ソニープラザ」に通うのが好きで、いつかここのバイヤーになってみたいなと思っていました。デザインセンスがよく、ユニークで気の利いた雑貨や服を見つけるとわくわくします。

ファッション誌をめくるのも好きでした。
ページをめくるときは、いつもスタイリスト気分で。
当時、『anan』の誌面によくお名前が載っていたスタイリストさんは二人いて、一人はトレンドの服を組み合わせる王道タイプ。一方で、もう一人の方はお嬢様育ちなのか、いかにも家に大事にしまわれていたようなアンティークの私物を取り入れるのが上手。錆びたブリキのバケツなんかをわざと置いたりして、ちょっと崩す技が大人びているなと感じました。

『anan』より早く新しいおしゃれを見つけてこよう。それが当時のモチベーションでしたし、今もその感覚は変わりません。

アーバンアウトドアファッションとして流行中のブランド「アークテリクス」を着始めたのも、雑誌でブームになるより早かったのが自慢です。

すてきなものはだれかに薦められるよりも、自分で見つけて選ぶほうがずっとたのしいのです。

家の中でこそ上質なアイテムを身につける

お出かけのときはこだわりのアイテムで身を包んでいるのに、家の中ではくたびれた安物ばかり。そんな「内」と「外」を分ける着こなしはしません。

むしろ「部屋着のほうが外出着よりも上等」くらいの気持ちでいたいと思っています。

いつ見られてもいい格好をしていたら、突然だれかが訪ねてきても慌てることはありません。

油断はしない。かといって過度に力を入れることもしない。

「緊張と緩和のバランスが大事」とよく言われますが、緊張しすぎても緩和しすぎてもよろしくない。

その間の力加減で、日常着を選びたいものです。

大人のカジュアルを遊びましょう

会社勤めを終えた後に、何を着たらいいか迷う大人は少なくないそうです。

わたしは自分を着せ替え人形のようにして、「今日の装い」を決める時間をたのしむのが得意なのだと気づきました。

定番はアメリカンカジュアル。それも、自分流にアレンジします。上質なカジュアルを遊べるのは、それなりに年齢を重ねた大人の特権ではないでしょうか。

コツは服に合わせるのではなく、しっくりと自分にとって心地いいと思う具合になるまで、服を合わせていくこと。

次のページから、わたしの「スタメン」を紹介します。

ボーダーシャツ

白地のボーダーシャツは、主張しすぎない柄で落ち着きます。

首元が開きすぎないボートネックデザインが、バンダナなど小物とも合わせやすいのでおすすめです。

同じように見えて、線の濃淡や幅が微妙に違うのですよ。

デニムでもアーミーパンツでも相性がいいのです。

品のいいカジュアルスタイルにぴったり

デニムジャケット

デニムジャケットは、これまで6枚ほど買ったでしょうか。

リーバイスのものが有名で、製造年代によってデザインが変わり、1stから4thまでの4つのモデルがあります。流行していることもあり、最近はなかなかリーバイスの本店でも手に入らないのですが、たまたま下北沢のジーンズショップで1stモデルを見つけて購入。

その後、同じお店で日本のメーカーがつくった、1stモデルタイプのヴィンテージ加工されたものを購入しました。

手前が日本のメーカーのウエアハウス、奥がリーバイス506XX

キャップ

野球帽は、わたしのトレードマークと言ってもいいかもしれません。頭にかぶる帽子のワンポイントデザインが、全身のバランスをすっきりと見せてくれる優れもの。

お気に入りはニューヨーク・ヤンキースのキャップ。ヤンキースファンというわけではなく、ネイビーが好きだからです。

それに「N」と「Y」を組み合わせたロゴはデザインの完成度が高く、ファッションのワンポイントとしても優秀ですね。

サイズには細かくこだわって、既製品をさらに調整しています

大学トレーナー＆Tシャツ

大学生ではないですが、大学トレーナーとTシャツはいろいろそろっています。

ほどよく品があって硬すぎない、イェール大学のロゴで統一。

アレンジには欠かせない大学アイテム

白いボタンシャツ

シンプルな白いボタンシャツは、1枚は持っておきたいですね。何を隠そうこのマーガレット・ハウエルのシャツは、家族が私の誕生日にプレゼントしてくれたものです。

148〜149ページの写真で着ているのもこちらです。

これぞ永遠のベーシック

Hanesのシャツ

肌に触れるシャツは、ストレスフリーのものを選びます。優秀だと思うのは、昔ながらのHanes（ヘインズ）です。3枚セットではなく、少し高級なラインで贅沢を。この〝ちょっと高級Hanes〟は、厚手で見た目もしっかりしているので、肌着としてはもちろん外出着としても活躍します。

わたしはこれの上にネイビーのカーディガンを羽織るだけのスタイルも好きです。白と紺は永遠のカップルですね。

品質表示を布地にプリントした、肌当たりのおだやかな「タグのないタイプ」を愛用しています

カーキのカーゴパンツ

ズボンは、あえてちょっと外してカーキのカーゴパンツを選んでいる日が多いですね。黒のコットンパンツを合わせるより、ほどよくフレンドリーな印象になると思います。

長年愛用しているのはアヴィレックス。わざと色ムラがあったり、穿き続けるにつれて「良いへたり方」をするのがいいところです。エドウイン系のブランド、アルファもいいですね。デザインや色の微妙な違いで、つい欲しくなるアイテムです。

カーゴパンツの種類について語り出すとキリがありませんが、これでもまだ減らしたほうなんです

ドット柄バンダナ

これがないと始まらない。ボートネックのシャツと合わせて首元に巻くと、すっきりとスタイルが決まります。

使いやすいのは黒。控えめなドット柄がベストです。Bshopで買った赤いバンダナは、デニムジャケットのポケットからチラリと見せるワンポイントに。白状すると、ボリュームを適度に整えるために、ハサミで半分に切っています。

冬は、首元のバンダナを黒のカシミヤマフラーに換えて。

合わせやすいのはドット柄。各色そろえています

軽くて暖かいカシミヤマフラーは冬の相棒

ニューバランス

足元はほぼ一択で、ニューバランスです。レアなモデルを見つけるとワクワクします。せっかく新品なのに、わざと踏んで、少し慣れた感じにすることも。学生時代に流行っていたのはコンバース。でも、その先を行きたくてたしかKedsを履いていた記憶があります。

かっこいいスニーカーで颯爽と歩く大人。そんな〝風景〟でありたいものです。

厳選して、今持っている靴は2足だけ

トートバッグ

近所をぐるりと散策するときには、L.L.Beanの厚手のキャンバス地のトートバッグを連れていきます。

ワンポイントにくるりと巻いているのはバンダナ。首元とシンクロさせると、いいバランスです。

中に入れる持ち物は最小限にしています。

トートバッグは大中小、サイズ違いを持っています

「見せる専門」の腕時計

普段、腕時計はつけていません。デザイナーという職業柄、「秋田さんはどんな腕時計をしているの」と好奇の目が向けられるような気がして落ち着かず、身に着けなくなりました。

これは服に合わせるための腕時計。デンマークのヤコブ・イェンセンのものです。実は、針が止まったままの腕時計。時間はわからないのですが、それでも十分に、装いの役に立ってくれています。

「ほどよい時間」で止まった時計

コインランドリーでジャストサイズに整える

わたしのファッションに欠かせない愛用アイテムの一つが帽子です。帽子愛用歴の長いわたしですが、帽子選びでいつも成功してきたかというとそうでもありません。

帽子で難しいのは「サイズ」です。頭の大きさ、顔の形とのバランスにぴたりとフィットしたサイズを（しかもメーカーによって微妙に違う）、正確に選ぶのが、帽子を使いこなす最大のコツでしょう。

たとえば昨日買ったばかりのキャップのサイズは「7と8分の5」。「8分の5」があれば「8分の4（つまり2分の1）」もあるというふうに、非常に細かいものなのです。

わたしの場合、8分の5では少し大きいけれど、2分の1もジャストではない。そこで、ちょうどいいサイズにするために8分の5を購入後、手洗いをしてコインランドリーに行き、乾燥機にかけて縮ませるという工夫をしました。

それも完全にドライにしないと縮まないので、乾いたタオルを2枚一緒に入れて2回乾燥。帽子一つのためにここまでするなんて、ちょっとおもしろいでしょう。

ジーンズも腰回りを体形に合わせるために、ベルト部分だけ水をつけて乾かして縮めたり。この仕上げの作業がなんともたのしいのです。

着心地にこだわるための大胆カスタマイズ

わたしは服が好きです。されど、服にこびることはありません。買った値段を気にせず、大胆にカスタマイズします。

これはお気に入りのチャンピオンのヴィンテージ。白でもないグレーでもない、柔らかなオートミールという色味が気に入っています。一見、トレーナーですが、元の姿は「パーカー」でした。フードがどうしても重いので、自分で切ってしまいました。

「フードレスパーカー」。カスタマイズするのが服のたのしみのひとつ

ただし、ふつうはパーカーのフードを切っても、こううまくは収まりません。
この時代のチャンピオンのデザインだから、切っても不自然ではないのです。
それをわかったうえで「フードをカットする」という前提で買うのだから、変わった客でしょうね。でも、それくらいフィット感にはこだわりたいのです。

この形に決着するまでに、町の縫製屋さんに持ち込んで襟を小さくつくり直してもらったりと、試行錯誤は数知れず。

そんな過程も無駄とは思いません。つくっては失敗し、またつくる。たのしいたのしい時間です。

3章 服装は相手へのプレゼント

——センスをたのしむ「装い」について

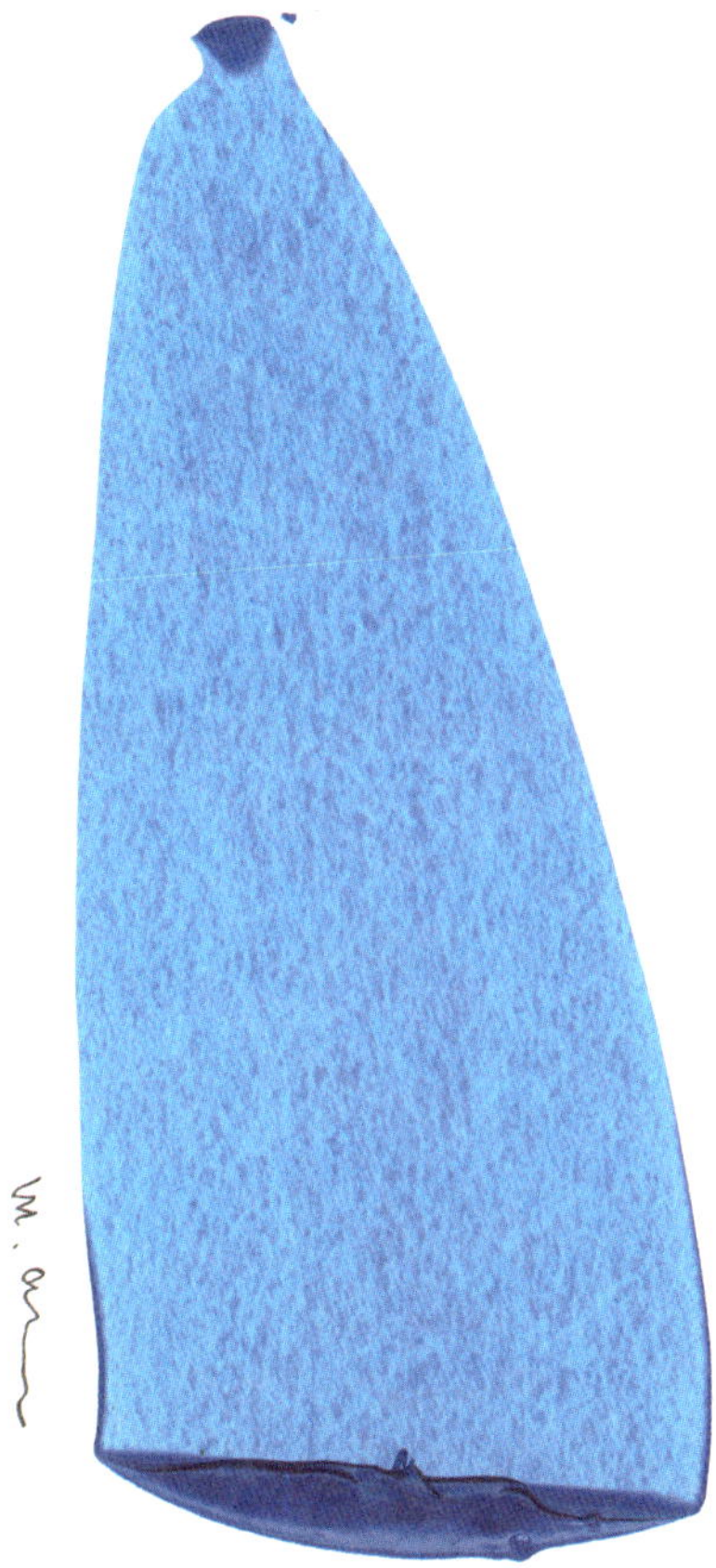

洋服を自分好みに育てる

下北沢の有名な古着屋で見つけた1960年代のデニムジャケットも、マニアの方は額に入れて飾るのかもしれませんが、わたしは翌日から街で着ていました。

さらには固くなっているのが嫌で、じゃぶじゃぶ洗った後、葡萄を搾るワイナリーの職人のように、バケツに浸して素足で踏んでくたくたにして乾かしました。

すっかり着やすく、好みの風合いに仕上がりました。

服に着られるのではなく、服を着こなす。
自分好みに育てる。
服は買った後からが本番です。

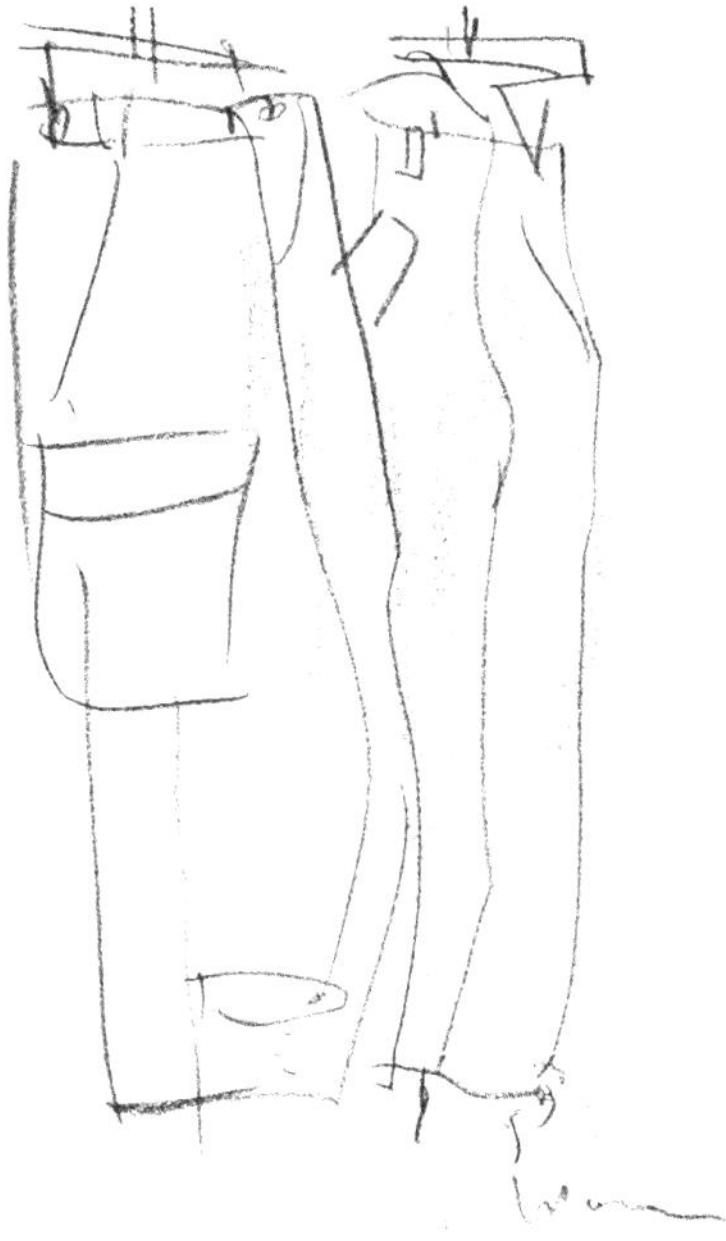

#「ちょうどいい」はたくさん失敗しないとわからない

職業柄、もののサイズには敏感なほうかもしれません。だいたい目分量で「この箱の幅は30cm」とぴたりと言い当てるのも得意です。

そんなわたしですが、かなり気をつけて買い物をしているつもりでも、よく間違えます。サイズの微妙な違いを知るまでには長い長い試行錯誤がありました。

実は、眼鏡類はすべて伊達。目にかけるよりも帽子にかけることが多いというのも、ちょっとおかしいですね

ヤンキースのキャップは今のものに落ち着くまでに6つくらい、レイバンのサングラスも同じものを6つほど買っています。

たくさん失敗しないと、本当に自分に合うものには出会えないのだと、経験をもって知りました。


サングラスはレイバンのデザイン違い（これも微妙な違いですが）を3つほど。ほかに坂本龍一さんが愛用していたことでも有名な「Jacques Durand（ジャックデュラン）」というフランス製のものも持っています。

しょっちゅうなくしてしまうので、同じ種類を3つ備えていると言うと驚かれます。しかし、この「複数持ち」には利点もあります。一つしか持っていないと傷むのも早いですが、複数を使いまわしていると「長持ち」するのです。

4章

機嫌よく街を歩く

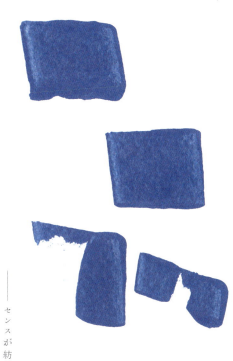

——センスが紡ぐ「コミュニケーション」について

「町の顔」になった気持ちで
にこやかに散策する

仕事部屋に面した通りから少し歩けば、駅前の商店街が広がっています。にぎやかすぎず、さみしくもなく、ほどよい密度と明るさの通りを歩いて角を曲がって、また曲がって。

ぐるりと一周したり、気まぐれに裏道ものぞいたりと、気ままに散歩をする時間を毎日のようにたのしんでいます。

持ち物は「ごきげん」だけ。

ニコニコと穏やかな街の景色の一部として、自分を動かしていきます。まるで町の代表になったつもりで、機嫌を右に左にふりまいて歩いています。

そして、街歩きに効果を発揮するのが「装い」です。相手の気持ちになってみればわかります。しょぼくれた服装の不愛想なおじさんが店に入ってきたら少し警戒するでしょう。普段何をしているかわからないけれど、堅苦しくなく、でも質のいいものを組み合わせたカジュアルな服装で、ニコニコとおだやかな笑顔でいると、初めて挨拶するお店の人も愛想よく反応してくれるのです。

服装は、言葉を発する前の挨拶のようなものです。

半径２００メートルの
ごきげん散歩。
こんなすてきな時間は
なかなかありません。

お店に入ったら「こんにちは」の挨拶を

すてきな雰囲気のお店を見つけたら、「こんにちは」と入ります。自分から挨拶をすると、相手の構えがわかります。

なにも返ってこなかったり、機械的に「いらっしゃいませ」という返事しかなかったりしたら、無理に扉を開けることはありません。

「こんにちは」と笑顔を返してくれるような店主や店員さんがいたら、ラッキーです。「カフェラテとドリップコーヒー、どちらが早くできますか?」など質問から会話をはじめてみます。

「ああ、わかりました。カフェラテのほうがコーヒーの量が少ないから早いんでしょう」と、ラフな仮説を口にしてみてもおもしろい。

「それもありますけれど、ドリップコーヒーのほうがマシンではなくて重力に任せてぽたぽたと抽出するから、時間がかかるんですよ」なんてお店の人が説明してくれますから。

「なるほどなるほど」とうなずきながら、カフェラテを受け取る。そんなささやかな会話の交換を、わたしは大切にしたいのです。

そして、買い物がすんだら「ではまた」とすぐに帰るのが、お店の人に嫌われないコツです。

おなかいっぱいにならないこと。長居は無用です。

自分の街を
たのしくするのは、
自分自身です。

「山形屋生花店」さんで花を買って……

帰り道、コーヒースタンドの「the BENCH」さんでアイスコーヒーをいただきました

店員さんとのささやかな談議をたのしむ

原宿や吉祥寺に洋服を買いに行くときも、サッとお目当ての服のところに行って、あれこれ悩まず値札も見ずに「これ買います」と伝えるのがよくあるパターンです。衝動買いのようで、実は何度も下見をしているのがポイント。

レジで服を包んでもらいながら、「このデザインのバージョン違いはこうで」「実はこのパーツにこだわりがあって」などとファッション談議の相手をしてもらえるのがうれしいのです。

そしてこんなに吟味して買っている服なのに、わたしはよく「間違え」ます。1万数千円払った靴なのに、いざ履いて街を歩いてみるとしっくり来ない。履かなくなるから、また買いに行くことになる。

でも、それでいい。またあの愉快な店員さんとお話しできるのなら、これは正しい間違いです。自由になるお金は、そうやって使っていきたい主義です。

わたしはお酒を飲みませんが、飲み屋さんの常連としてお店に受け入れてもらうときの流儀に似ているかもしれません。

服を買ったり、飲み物や料理をいただきにいったりする時間は、わたしにとって単なる消費ではない、コミュニケーションなのです。お金を払ってサービスを受ける。それくらいの気持ちがちょうどいいと思っています。

「ちょうどいい」に貪欲になる

出歩いているつもりでも、気づけばいつも決まった店ばかり通っている。ついやってしまいがちなことですよね。

わたしはフットワーク軽くどこまでも行けるタイプなのですが、なぜそれができるかというと、「ちょうどいい」をいつも探しているからかもしれません。

たとえば、最近探しているのはレインコートです。

街歩きにちょうどいい軽やかさで、でも傘要らずの防水機能はしっかりと備えてほしい。モンベルなどのアウトドアブランドでは少し大袈裟すぎるし、コンビニですぐに手に入るものでは頼りない。

さて、どうしようかとネットで検索したところ、作業着メーカーでありながら商品展開を増やしているワークマンがよさそうだとピンときました。

そう、「高価なものを買えば正解」というほど単純な問題ではないのです。ワークマンの店舗は仕事場や自宅の近所にはないので、今度少し遠出して行ってみようと計画中。

「なんでもいい」と少しの不便を妥協していると、自然と生活範囲は狭まるでしょう。「ちょうどいい」に対して貪欲な自分を解き放てば、自転車やバス、電車を乗り継いでどこまでも冒険できます。

飲食店での〃おとな〃の作法

一人で飲食店に入ったときに心がけるのは、「おとなしく、素早く」。サッと食べて、サッと帰る。何度でも言います。長居は禁物です。

同じ客として気になるのは「音」です。

先日、カレーショップに立ち寄ったとき、大きな楽器のケースを携えた30歳すぎぐらいの男性が近くに座ったのですが、持ち物の雰囲気から「きっとすてきな人物だろう」と想像していました。

ところが、注文したカレーがテーブルに置かれた途端、その男性はカチャカチャと音を立てて食べはじめたのです。プラスチック製のお皿とスプーンがぶつかって、なんともチープな騒音がしばらく止まりませんでした。わたしはがっかりしてしまいました。

服装は「相手に対する景色」という話を書きましたが、音もまた景色です。自分が立てた音を、相手がどう感じるか。思いを馳せれば自然と「音を立てない」という心がけが生まれるはずです。

これがほんとうの「おとなしい」。
大人の作法なのではないでしょうか。

美術館で上質なアートに触れる

人生で初めて訪れた美術館は、倉敷の大原美術館でした。幼い頃、祖母に連れられて、町内会の観光地巡りのツアーで出かけた記憶がありま す。

いまはネット上でも素晴らしい作品に触れられるので、便利な時代になりましたが、やはり空間の中で作品を味わえる美術館には足を運びたいものです。

東京には国立の立派な美術館がたくさんありますが、わたしが好きなのは私立の小さな美術館。

最近のおすすめだと、京橋にある旧ブリヂストン美術館（アーティゾン美術館）。国宝級のすごい作品がさりげなく置かれていますし、セザンヌのよい作品もあるし、都心で上質なアートに触れるにはぴったりの空間だと思います。

一方で、あまりむやみにアートに触れないように注意もしています。デザイナーという仕事柄、芸術家の作品からの刺激に影響を受けすぎるのはよくないからです。

Xで流れてくる名画に一言感想を添えるくらいが、わたしにはちょうどいいのかもしれません。

アイデアは相手への「観察」から生まれる

センスやアイデアが「枯れる」という感覚を、わたしは持ちあわせません。

実際のところ、いろんな仕事をいただくなかで「アイデアが湧かないなぁ」と困った経験は一度もないのです。

強調したいのは、これは才能ではなく技法であるという点です。

アイデアは自分の奥底にある泉から湧きだすものだというイメージを持つ人が多いのではないでしょうか。わたしの場合、アイデアは自分ではなく〝相手〟の中にあると考えます。

学生時代の試験対策で「答えは問題文の中にある」と教わった記憶が、どなたにもあるはずです。

つまり、「何をしてほしいか」という答えは相手の要望の中に必ずあるんです。耳を澄まして、相手の顔をじっと観察しながら、「何をしてほしいか」を見つけたら、素直にそれに応えてあげたらいい。

それを受け取り感じ取った人が、形にしたときにはじめて、「アイデア」が姿を現す。そんなメカニズムだと理解しています。

会話は「腹八分目」で次の約束につなげる

心地いい人づきあいを長く続けるために大事なのは「過剰になりすぎない」ということです。

相手に期待をしすぎない。依存しすぎない。

さらっと風通しのいい関係が理想です。

会話が盛り上がったとしても、全部は出しすぎない。

自分が知っていることを全部出し切ってしまったら、次に会うときに

「ネタ切れ」になってしまいますから。

「まだ話し足りないな」「もっと聞きたいな」と感じる程度の腹八分目の会話に抑えるのがポイントです。

「では、この続きはまた今度」と、次の会話の約束ができる関係になれるのは幸せなこと。

そしてその幸せは、ちょっとした工夫でつくれるのです。

「待つ」を味わう

長く仕事をしていて自然と身についた作法として、「催促しない」という自分自身との約束があります。

メールがテンポよく続いていた相手からの返信がふと止まる。会社にも人にも事情がありますから、そんなことはしょっちゅう起こります。

急いでいると言っていたから、早く納品したのだけれど。何か問題が起きたのだろうか。

そんな疑問がよぎったとしても、こちらから催促することはしないと決めています。

理由は単純。「急かされたら嫌だろうな」と思うからです。

相手の気が向くまで、いったん忘れて気長に待つ。はじめから期待をしないことです。

ユーモアとモラルを バランスよく

コミュニケーションで心がけているのが、ユーモアとモラルの両立です。

相手のこころがちょっとほぐれるようなユーモア（ダジャレとも言うかもしれません）がたくさん思いつくときは絶好調のしるし。

同時に、モラルを保つ自制心もおとなのマナーです。

特にSNSの投稿というのは公共の場に放つようなものですから、思ったままを反射的に書いて投稿するということはしません。

ひとりよがりにならないように、より多くの人の共感を得られるのはどんな言葉なのかも、時々チェックしています。

わたしの姿も、わたしの言葉も、世の中の「風景」の一つ。風景をきれいに整えるお掃除の習慣のようなものですね。

１００年後の評価しか気にしない

最近、「まわりの人の評価を気にしすぎて、こころを病んでしまう人が多い」という話を聞きました。

「秋田さんは、どうしてそんなに飄々と、堂々とした空気をまとっているんですか」と訊かれたことも。

わたしなりの結論を申し上げると、「１００年後の評価しか気にしなくていい」です。

画家の名作は、後世になってから評価が定まったものが少なくありません。

わたしが好きな小説家である夏目漱石や「秘すれば花」の世阿弥は、生きていた時代には、ほかにもっと高く評価されていた人物がいたそうです。

一人の人間がどれほどの価値を世の中に残したかどうかは、数年の単位で測れるわけもなく、おそらく１００年は必要なのだろうとわたしは思います。

自分がどれほどの人間かの評価に１００年かかると考えたら、同時代を生きるだれかの評価に振り回されることもなくなるでしょう。

目の前の「今」をたのしむことだけに、集中すればいいのです。気楽にいきましょう。

おわりに

本書の最後に、なぜデザイナーのわたしが文章を書くようになったのか、きっかけをお話ししようと思います。

今から35年ぐらい前のこと、有名な建築家にお話を伺う機会がありました。そのときに「次代を担う建築家は誰だと思いますか」と質問したところ、わたしと同世代の建築家の名前が挙がり、その理由が『文章が書けるから』だったのです（その先生の予言通り、その人は今では世界的な建築家になっています)。

「そうか、『モノで勝負できる』デザイナーであっても、考えていることを第三者に伝えるためには、絵だけでなく文章も書けなくてはいけないのだ」と気づき、決心しました。

実際に行動に移したのが、２００３年から始めたブログです。２０２３年に休載し、今はnoteに移行しています（20年も続けていたブログの記事をみんな消去して、ケロッとしている自分が不思議です)。

大きな転機があったのは２０２１年。新型コロナウイルスが猛威を振るい、数年前から準備していた大きなプロジェクトが中止を余儀なくされました。塞いでいてもしょうがないので、新しいことをしようと、Xに注力しはじめました。

最初の半年間は20人ほどのフォロワーしかいなかったのに、ふとした投稿をきっかけに二日間で7万人もフォロワーが増えるという、（炎上ではなくて）爆発が起きるという事態に。

今では10万人を超える方にフォローしていただいています（フォロワー数はその後2年間、増えも減りもせずというのがおもしろいところです）。

自分でも驚いたのですが、プロダクトデザイナーというたぶん「尖って見える職業」の70歳近いおじさんが、短くてパンチラインの効いた文章を書くことに、大きなギャップがあったのでしょう。

その後も、気負わずただ淡々と、思うこと感じたことをつぶやいています。

さて、今回の「日々のセンス」というテーマは、たのしんでいただけましたでしょうか。

わたしが日々心がけているちょっとした「遊び」が、みなさんの「センス」の参考になれば幸いです。

２０２５年2月　秋田道夫

無理をせず、無駄を楽しむ
センスのはなし

発行日　2025年2月21日　第1刷

Author　秋田道夫
Illustrator　秋田道夫
Photographer　鈴木愛子［撮影協力 山形屋生花店、the BENCH］
Book Designer　芝 晶子（文京図案室）

Publication　株式会社ディスカヴァー・トゥエンティワン
〒102-0093　東京都千代田区平河町2-16-1 平河町森タワー11F
TEL　03-3237-8321（代表）　03-3237-8345（営業）
FAX　03-3237-8323　https://d21.co.jp/

Publisher　谷口奈緒美
Editor　橋本莉奈［編集協力 宮本恵理子］

Store Sales Company
佐藤昌幸　蛯原 昇　古矢 薫　磯部 隆　北野風生　松ノ下直輝　山田諭志　鈴木雄大
小山怜那　藤井多穂子　町田加奈子

Online Store Company
飯田智樹　庄司知世　杉田彰子　森谷真一　青木翔平　阿知波淳平　大﨑双葉　近江花渚
徳間凜太郎　廣内悠理　三輪真也　八木 眸　古川菜津子　高原未来子　千葉潤子
川西未恵　金野美穂　松浦麻恵

Publishing Company
大山聡子　大竹朝子　藤田浩芳　三谷祐一　千葉正幸　中島俊平　伊東佑真　榎本明日香
大田原恵美　小石亜季　舘 瑞恵　西川なつか　野﨑竜海　野中保奈美　野村美空
橋本莉奈　林 秀樹　原 典宏　牧野 類　村尾純司　元木優子　安永姫菜　浅野目七重
厚見アレックス太郎　神日登美　小林亜由美　陳 玟萱　波塚みなみ　林 佳菜

Digital Solution Company
小野航平　馮 東平　宇賀神実　津野主揮　林 秀規

Headquarters
川島 理　小関勝則　田中亜紀　山中麻吏　井上竜之介　奥田千晶　小田木もも　佐藤淳基
福永友紀　俵 敬子　三上和雄　池田 望　石橋佐知子　伊藤 香　伊藤由美　鈴木洋子
照島さくら　福田章平　藤井かおり　丸山香織

Proofreader　株式会社T&K
Printing　シナノ印刷株式会社

・定価はカバーに表示してあります。本書の無断転載・複写は、著作権法上での例外を除き禁じられています。
インターネット、モバイル等の電子メディアにおける無断転載ならびに第三者によるスキャンやデジタル化もこれに準じます。
・乱丁・落丁本はお取り替えいたしますので、小社「不良品交換係」まで着払いにてお送りください。
・本書へのご意見ご感想は下記からご送信いただけます。
https://d21.co.jp/inquiry/

ISBN978-4-7993-3124-8
SENSE NO HANASHI by Michio Akita　© Michio Akita, 2025, Printed in Japan.